VRAI PORTRAIT
E NOTRE DAME
DU PUY.

Sainte Vierge, priez pour nous.

Sainte Vierge, priez pour nous.

AVIS D'UN PÈRE A SON FILS.

Un enfant ne doit pas usurper la parole :
Son sort est d'écouter, de répondre à propos.
On connait la sottise à son babil frivole.
Le véritable esprit s'explique en peu de mots.

Veux-tu savoir, mon fils, le chemin de la gloire?
De celle qui, du moins, tente un esprit bien fait?
Aux hommes, garde-toi d'en vouloir faire accroire;
Ce que tu veux paraître, il faut l'être en effet.

A son maître, l'enfant qui tremble de déplaire,
Ne craint pas de souffrir un honteux châtiment.
Mais s'il ose braver une juste colère,
La rigueur, à regret, supplée au sentiment.

Heureux le jeune élève animé d'un beau zèle,
En qui la vertu brille et devance les avis!
De tous ses compagnons, c'est le digne modèle,
L'amour de ses parens, l'honneur de son logis.

RÈGLEMENS POUR LES ENFANS QUI FRÉQUENTENT LES ÉCOLES CHRÉTIENNES.

NOUVELLE ÉDITION,

Revue, corrigée et augmentée des MAXIMES DE L'HONNÊTE HOMME; de l'Idée de Dieu, de son Pouvoir sur toutes les créatures, et de sa Toute-puissance; et de l'Avis d'un Père à son Fils.

Se vend:

A BRIOUDE,

Chez P.-R. J. DOUCET, IMPRIMEUR-LIBRAIRE.

1846.

✱ a b c d e f g h i j
k l m n o p q r s t u
v x y z.

Capitales de Romain.

A B C D E F G H I J K L M N
O P Q R S T U V X Y Z.

Capitales d'Italique.

A B C D E F G H I J K L M N
O P Q R S T U V X Y Z.

Lettres liées ensemble.

ſſ ſl ſſl ſi ſſi æ œ.

Voyelles.

a e i o u.

Les autres lettres de l'Alphabet sont des *Consonnes*.

b c d f g h j k l m n p q r s t v x y z.

Ponctuation.

(,) Virgule.
(;) Point-virgule.
(:) Deux points.
(.) Point.
(?) Point interrogant.
(!) Point admiratif.
(-) Trait d'union.
(()) Paranthèse.
(») Guillemet.

Accens.

(é) Accent aigu.
(è) Accent grave.
(ê) Accent circonflexe.
(ë) Accent tréma.
(') Apostrophe.

ba bé bè be bi bo bu.

ca cé cê ce ci co cu.

da dé dê de di do du.

fa fé fê fe fi fo fu.

ha hé hê he hi ho hu.

ja jé jê je ji jo ju.

la lé lê le li lo lu.

ma mé mê me mi mo mu.

na né nê ne ni no nu.

pa pé pê pe pi po pu.

qua qué què que qui quo quu.

ra ré rê re ri ro ru.

sa sé sê se si so su.

ta té tê te ti to tu.

va vé vê ve vi vo vu.

xa xé xê xe xi xo xu.

za zé zê ze zi zo zu.

bla blé blê ble bli blo blu.
bra bré brê bre bri bro bru
chra chré chrê chre chri chro chru.
cla clé clê cle cli clo clu.
dra dre drê dre dri dro dru.
fra fré frê fre fri fro fru.
gla glé glê gle gli glo glu:
gna gné gnê gne gni gno gnu.
gra gré grê gre gri gro gru.
gua gué guê gue gui guo guu.
pla plé plê ple pli plo plu.
pra pré prê pre pri pro pru.
pha phé phê phe phi pho phu
spa spé spê spe spi spo spu.
sta sté stê ste sti sto stu.
tla tlé tlê tle tli tlo tlu.
tra tré trê tre tri tro tru.
tha thé thê the thi tho thu.
vra vré vrê vre vri vro vru.

Chiffres arabes.

1 un, 2 deux, 3 trois, 4 quatre, 5 cinq, 6 six, 7 sept, 8 huit, 9 neuf, o zéro.

Chiffres Romains.

I un, II deux, III trois, IV quare, V cinq, VI six, VII sept, VIII huit, IX neuf, X dix, XI onze, etc., XX vingt, XXX trente, XL quarante, L cinquante, LX soixante, XC quatre-vingt-dix, C cent, CC deux cents, CCC trois cents, CD quatre cents, D cinq cents, M mille.

PREMIÈREMENT.

RE tour nez mo- des te ment de l'é co le à la mai son sans vous ar rê ter dans les ru es, c'est-à-di re, sans cri er, sans in ju- ri er ni of fen ser per- son ne. Au con trai re, si l'on vous in ju ri e et of fen se, en du rez-le pour l'a mour de No- tre Sei gneur, et di tes en vous-même me: Dieu vous don ne la grâ ce de vous re pen tir de vo tre fau te, et vous par don ne com me je vous par don ne.

2. Gar dez-vous bi-en de ju rer, de blas-phê mer, ni de di re des pa ro les sa les et vi lai nes, ni de fai re au cu ne ac ti on dés-hon nê te.

3. Quand vous pas-

sez de vant quel que
Croix, ou quel qu'i-
ma ge de No tre Sei-
gneur, de No tre Da-
me ou des Saints, fai-
tes u ne dé vo te ré vé-
ren ce, le vant le cha-
peau, ou au tre ment.

4. Quand vous ren-
con trez quel que per-
son ne de vo tre con-
nais san ce, sa lu ez-
la le pre mi er, par ce
que c'est u ne ac-

ti on d'hu mi li té.

5. Sa lu ez les per-son nes que vous ren-con trez, se lon la cou tu me du li eu et se lon l'ins truc ti on qu'on vous au ra don-né e.

6. Quand vous en-tre rez chez vous ou en quel qu'au tre mai-son, fai tes la ré vé ren-ce, sa lu ant ceux que vous y ren con tre rez.

7. Quand vous com-
men ce rez quel-
qu'ou vra ge ou quel-
que bon ne ac ti on,
fai tes dé vo te ment
le si gne de la sain te
Croix, a vec in ten-
ti on de fai re au nom
de Dieu, et à sa gloi-
re, ce que vous al lez
fai re.

8. Quand vous par-
lez a vec des per son-
nes res pec ta bles,

rép on dez hum ble-
ment, oui Mon sieur,
oui Ma da me; non
Mon ieur, non Ma-
da me; selon sur ce
qu'on vous in ter ro-
ge ra.

9. Si ceux qui ont
pou voir sur vous,
vous com man dent
quel que cho se qui
soit hon nê te, et que
vous puis si ez fai re,
o bé is sez-leur vo-

lon ti ers et promp-
te ment.

10. Si l'on vous com-
man dait dedire quel-
que pa ro le, ou de
fai re quel qu'ac ti on
mau vai se, ré pon-
dez que vous ne le
pou vez point fai re,
d'au tant que ce la
dé plaît à Dieu.

11. Quand vous
vou drez dî ner ou
sou per, la vez-vous

pre mi è re ment les mains, puis di tes le *Be ne di ci te*, ou au-tre bé né dic ti on, a vec ré vé ren ce et mo des ti e.

12. Lors que vous vou drez boi re, pro-non cez tout bas le saint Nom de Jé sus.

13. Tou tes les fois que vous nom me-rez, ou en ten drez nom mer JÉ SUS ou

MARIE, vous fe rez la ré vé ren ce.

14. Gar dez-vous bi-en à table ou ail leurs de de man der, de pren dre et de sous-trai re en ca chet te ou au tre me nt, ce qu'on au ra don né à man ger aux au tres, et mê me vous ne le de vez pas re gar der a vec en vi e.

15. Quand on vous

don ne ra quel que cho se, bai sez la main, et re mer ci ez ce lui ou cel le qui vous l'au ra don né e.

16. Ne vous as se-yez point à ta ble si l'on ne vous le com-man de.

17. Man gez et bu-vez dou ce ment et hon nê te ment, sans a vi di té et sans ex cès.

18. A la fin de cha-

que re pas, di tes dé-vo te ment les grâ ces, et a près la vez-vous en co re les mains.

19. Ne sor tez point de la mai son sans de man der et sans ob te nir con gé.

26. N'al lez point a vec les gar çons vi-ci eux et mé chans, car ils vous peu vent nui re pour le corps et pour l'â me.

21. Quand vous a-
vez em prun té quel-
que cho se, ren dez-
le de bon ne heu re,
et n'at ten dez pas
qu'on vous le de-
man de.

22. Lors que vous
au rez à par ler à quel-
que per son ne res-
pec ta ble, qui se ra
oc cu pé e, pré sen tez-
vous a vec ré vé-
ren ce, at ten dant

qu'el le ait loi sir de vous par ler, et qu'el-le vous de man de ce que vous lui vou lez.

23. Si quel qu'un vous re prend, ou vous don ne quel-qu'a ver tis se ment, re mer ci ez-le a vec hu mi li té.

24. Ne tu to yez per-son ne, pas mê me les ser vi teurs et ser van-tes, ni les pau vres.

25. Al lez au-de vant de ceux qui en trent chez vous, soit do-mes ti ques, soit é-tran gers, pour les sa lu er, et leur fai re la ré vé ren ce.

26. Si quel qu'un de ceux de la mai son, ou au tre, dit ou fait, en vo tre pré sen ce, quel que cho se de dés hon nê te, ou in-di gne d'un chré tien,

re pre nez-le a vec dou ceur.

27. Quand les pau-vres de man dent à vo tre por te, pri ez vo tre Pè re ou vo tre Mè re, ou ceux chez qui vous de meu rez, de leur fai re l'au-mô ne pour l'a mour de Dieu.

28. Le soir, a vant que de vous al ler cou cher, a près a-

voir sou hai té le bon soir à vos Père et Mè- re, ou au tres, met- tez-vous à ge noux au près de vo tre lit, ou de vant quel qu'i- ma ge, et di tes les Pri è res mar qué es dans les de voirs des fa mil les chré ti en- nes; a près, pre nez de l'eau bé ni te, fai- tes le si gne de la sain te Croix.

29. Le ma tin, en vous le vant, fai tes le si gne de la sain te Croix, et é tant ha-bil lé, met tez-vous à genoux, et di tes les Pri è res mar qué-es en la pa ge sus di te; a près al ler don ner le bon jour à vos Pè re et Mè re, et au tres de la mai son.

30. Tous les jours, si vous pou vez, en-

ten dez la sain te Messe dé vo te ment et à ge noux, et le vez-vous quand le Prê tre dit l'E van gi le.

31. Quand vous en-ten drez son ner l'*An ge lus*, ré ci tez dé vo te ment l'*A ve Ma ri a*.

32. So yez tou jours prêt d'al ler vo lon-tiers à l'E gli se, et ap pre nez soi gneu-

se ment les cho ses que vos maî tres vous en sei gnent; so yez-leur bi en o- bé is sant et res pec- tu eux.

33. Gar dez-vous bi en de men tir en quel que ma ni è re que ce soit; car les men teurs sont les en fans du dé mon, qui est le pè re du men son ge.

34. Sur tout, gar-dez-vous de dé ro ber au cu ne cho se, chez vous, ni ail leurs, par ce que c'est of-fen ser Dieu; c'est se ren dre o di eux à cha cun, et pren dre le che min d'u ne mort in fâ me.

35. Pré sen tez-vous vo lon ti ers et sou vent à la Con fes-si on et à la Com-

mu ni on, y é tant bi en pré pa ré, a fin que vous de ve ni ez à tou te heu re plus dé vôt et plus sa ge, fu yant le pé ché, et ac qué rant les ver-tus.

30. En fin, tous vos prin ci paux soins et dé sirs, tan dis que vous vi vez en ce mon de, doi vent vi-ser à vous ren dre a-

gré a ble à Dieu, et à ne le point of fen-ser, a fin qu'a près cet te vie mor tel le vous puis si ez é vi ter l'en fer, et pos sé der la gloi re du Pa ra-dis. Ain si soit-il.

Les Bénédictions que Dieu donne aux Enfans qui sont pieux et res-pectueux envers leurs Père et Mère.

HOnore ton Père et ta Mère, afin que tu vives long-temps sur la terre. Cette première bénédiction donne l'espérance d'une longue et heureuse vie.

Celui qui honore son Père et sa Mère, sera joyeux et content en ses enfans, et sera exaucé à temps se son Oraison.

Cette bénédiction promet l'alégresse et le contentement que

l'on reçoit des enfans : nous en avons l'exemple en Joseph fils de Jacob, qui, pour avoir été bien obéissant à son père, et pour l'honneur qu'il lui avait rendu, reçut des joies et des contentemens indicibles de ses propres enfans; lesquels furent aussi bénis de Jacob, leur grand-père, en la présence de Joseph, leur père.

Celui qui honore son Père et sa Mère, s'amasse un trésor au Ciel et en terre.

Cette bénédiction regarde les biens spirituels et temporels que Dieu donne aux enfans sages, de quoi Salomon nous servira d'exemple ; lequel porta toujours beaucoup d'honneur à son Père, aussi à sa Mère; c'est pourquoi il vécut très-heureux et très-riche, sur un trône florissant; comme aussi Absalon son frère, pour avoir désobéi et maltraité son Père, fut percé de trois dards et tué par Roab, général de l'armée de

David. Celui qui honore son Père et sa Mere, sera remplie des grâces célestes jusqu'à la fin. Cette bénédiction concerne les biens spirituels, de laquelle nous avons un merveilleux exemple en Jacob, fils d'Isaac, qui, ayant été béni de son Père, fut élu de Dieu, et très-agréable à sa divine Majesté, et rempli de toutes sortes de grâces. Au contraire, son frère Esaü fut malheureux et réprouvé. Honore ton Père, afin que la bénédiction du Ciel descende sur toi et que tu sois béni. Dieu donne particulièrement cette bénédiction aux enfans obéissans; mais qu'est-ce autre chose être béni de Dieu, sinon recevoir de lui sa sainte grâce, par le moyen de laquelle nous lui agréons, comme ses enfans?

Les malédictions que Dieu fulmine sur les enfans qui ne portent ni honneur, ni obéissance à leurs Père et Mère.

QUe celui qui maudira son Père ou sa

Mère, meure de mauvaise mort, et que son sang soit sur lui. Cette malédiction est confirmée par la bouche de Dieu.

En quel lieu Dieu commande, que si quelque père est si malheureux que d'engendrer un fils désobéissant, rebelle et pervers, que tout le peuple de la ville le massacre à coups de pierres, ce méchant enfant, et le fasse mourir. A ces paroles, maudit soit celui qui n'honore pas son Père et sa Mère, le Peuple répondit: Amen.

BENOIT XIII, en 1792, a accordé cent ans d'indulgence, toutes les fois que l'on récitera dévotement cette prière à l'honneur de l'immaculée Conception de la glorieuse Vierge Marie.

BÉNIE soit à jamais la sainte et immaculée Conception de la bienheureuse Vierge Marie.

PRIÈRE

à la sainte Vierge.

TRÈS-SAINTE VIERGE, priez, s'il vous plait, Notre-Seigneur Jésus-Christ pour moi, afin que toutes pensées, paroles et actions de ce jour et de toute ma vie, lui soient agréables.

PRIÈRE

à son bon Ange Gardien.

Mon bon Ange, continuez, s'il vous plait, vos charitables soins: inspirez-moi la volonté de Dieu en toutes les œuvres de cette journée, et me conduisez dans les voies de mon salut.

ACTE

de Remerciment.

Mon Dieu, je vous remercie de tous les biens que j'ai reçus de votre libérale bonté, de ma création, conservation, rédemption, justification, vocation, et de toutes les grâces que vous m'avez faites à chaque heure et à chaque moment : je vous en rends autant de reconnaissance et de grâces, qu'il m'est possible d'en rendre à votre divine Majesté.

MAXIMES
DE
L'HONNÊTE HOMME.

---

1. CRAIGNEZ un Dieu vengeur, et tout ce qui le blesse :
C'est là le premier pas qui mène à la sagesse.
2. Ne plaisantez jamais ni de Dieu, ni des Saints ;
Laissez ce vil plaisir aux jeunes libertins.
3. Que votre piété soit sincère et solide ;
Et qu'à tous vos discours la vérité préside.
4. Tenez votre parole inviolablement :
Mais ne la donnez pas inconsidérément.
5. Soyez officieux, complaisant, doux, affable,
Poli, d'humeur égale, et vous serez aimable.
6. Du pauvre qui vous doit, n'augmentez point les maux :
Payez à l'ouvrier le prix de ses travaux.
7. Bon père, bon époux, bon maître sans faiblesse :
Honorez vos parens, surtout dans leur vieillesse.
8. Du bien qu'on vous a fait soyez reconnaissant.
Montrez-vous généreux, humain et bienfaisant.
9. Donnez de bonne grâce : une belle manière
Ajoute un nouveau prix au présent qu'on veut faire.

10. Rappelez rarement un service rendu :
Le bien qu'on reproche est un bienfait perdu.
11. Ne publiez jamais les grâces que vous faites:
Il faut les mettre au rang des affaires secrètes.
12. Prêtez avec plaisir, mais avec jugement.
S'il faut récompenser, faites le dignement.
13. Au bonheur du prochain ne portez point envie.
N'allez point divulguer ce que l'on vous confie.
14. Sans être familier, ayez un air aisé.
Ne décidez de rien qu'après l'avoir pesé.
15. A la religion soyez toujours fidèle:
On ne sera jamais honnête homme sans elle.
16. Détestez et l'impie et ses dogmes trompeurs :
Ils séduisent l'esprit, ils corrompent les mœurs.
17. Ne rejetez pas moins tout principe hérétique :
C'est peu d'être chrétien si l'on n'est catholique.
18. Aimez le doux plaisir de faire des heureux:
Et soulagez surtout le pauvre vertueux.
19. Soyez homme d'honneur et ne trompez personne :
A tous ses ennemis un cœur noble pardonne.
20. Aimez à vous venger par beaucoup de bienfaits.
Parlez peu, pensez bien, et gardez vos secrets:
21. Ne vous informez pas des affaires des autres.
Sans air mystérieux dissimulez les vôtres.
22. N'ayez point de fierté. Ne vous louez jamais.
Soyez humble et modeste au milieu des succès.

23. Surmontez les chagrins où l'esprit s'abandonne :
Ne faites rejaillir vos peines sur personne.
24. Supportez les humeurs et les défauts d'autrui.
Soyez des malheureux le plus solide appui.
25. Reprenez sans aigreur, louez sans flatterie;
Ne méprisez personne, entendez raillerie.
26. Fuyez les libertins, les fats et les pédans.
Choisissez vos amis, voyez d'honnêtes gens.
27. Jamais ne parlez mal des personnes absentes.
Badinez prudemment les personnes présentes.
28. Consultez volontiers; évitez les procès.
Où la discorde règne, apportez-y la paix.
29. Avec les inconnus, usez de défiance;
Avec vos amis même ayez de la prudence.
30. Point de folles amours, ni de vin, ni de jeux;
Ce sont là trois écueils en naufrages fameux.
31. Sobre pour le travail, le sommeil et la table,
Vous aurez l'esprit libre et la santé durable.
32. Jouez pour le plaisir et perdez noblement.
Sans prodigalité, dépensez prudemment.
33. Ne perdez point le temps à des choses frivoles;
Le sage est ménager du temps et des paroles.
34. Sachez à vos devoirs immoler vos plaisirs;
Et pour vous rendre heureux, modérez vos désirs.
35. Ne demandez à Dieu, ni grandeur, ni richesse;
Mais, pour vous gouverner, demandez la sagesse.

IDÉE DE DIEU

Et de son pouvoir sur toutes les créatures.

Ce Dieu, maître absolu de la terre et des cieux,
N'est point tel que l'erreur le figure à nos yeux.
L'Éternel est son nom; le Monde est son ouvrage.
Il entend les soupirs de l'humble qu'on outrage;
Juge tous les mortels avec d'égales lois,
Et, du haut de son trône, interroge les Rois.
Des plus fermes États la chute épouvantable,
Quand il veut, n'est qu'un jeu de sa main redoutable

Racine, *Tragédie d'Ester.*

Autre Idée *de la toute-puissance de Dieu.*

Que peuvent contre lui tous les Rois de la terre?
En vain ils s'uniraient pour lui faire la guerre.
Pour dissiper leur ligue, il n'a qu'à se montrer;
Il parle, et dans la poudre il les fait tous rentrer.
Au seul son de sa voix, la mer fuit, le Ciel tremble;
Il voit comme un néant tout l'Univers ensemble;
Et les faibles humains, vains jouets du trépas,
Sont tous devant ses yeux comme s'ils n'étaient pas.

Même Tragédie.

BRIOUDE, IMPRIMERIE DE DOUGET.

I.N
R.J

LE BON PASTEUR.

LE BON PASTEUR.

www.ingramcontent.com/pod-product-compliance
Ingram Content Group UK Ltd.
Pitfield, Milton Keynes, MK11 3LW, UK
UKHW020447230726
13925UKWH00004B/1834

9 782014 104387